AF242596

LE GOUVERNEMENT PERSONNEL

PAR

ERNEST DUVERGIER DE HAURANNE

Prix : 40 centimes

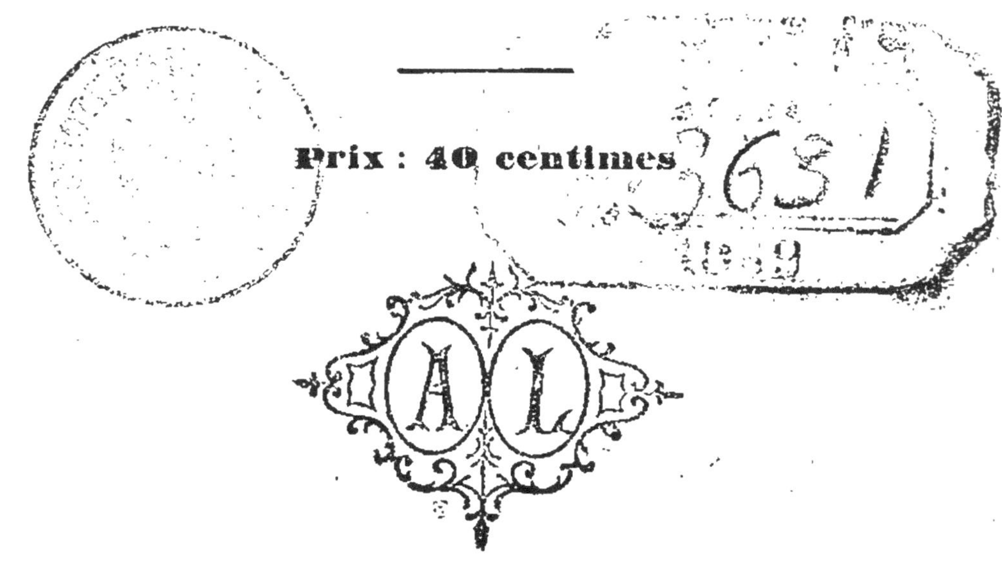

PARIS

ARMAND LE CHEVALIER, LIBRAIRE-ÉDITEUR

61, RUE RICHELIEU, 61

1869

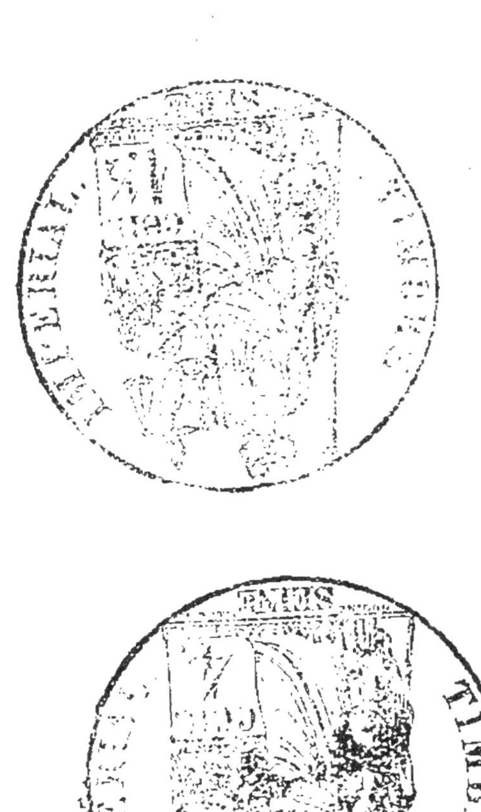

LE
GOUVERNEMENT
PERSONNEL

Les élections qui vont avoir lieu dans quelques jours ne ressemblent pas à celles qui se font ordinairement chez les peuples libres, au milieu des luttes régulières et de la compétition naturelle des partis. Elles sont, ne l'oublions pas, beaucoup plus importantes et plus solennelles. Dans les pays où les institutions représentatives sont sérieusement et sincèrement pratiquées, les élections politiques roulent la plupart du temps sur des questions d'un ordre secondaire : quant au principe fondamental du gouvernement, c'est-à-dire au système représentatif lui-même, il est hors de cause. Tout le monde le reconnaît et en confesse l'excellence. C'est en son nom que le gouvernement exerce le pouvoir; c'est en son nom que l'opposition espère l'obtenir. Toutes deux sont pesées dans la même balance et se servent des mêmes armes. Les droits sont égaux de part et d'autre et également incontestés. Quel que soit le résultat des élections dans les pays libres, elles sont toujours un hommage rendu au principe de la liberté politique et aux droits souverains de la nation.

Il n'en est pas de même en France à l'heure présente : c'est la liberté politique elle-même qui est en question dans notre pays. Les élections que nous allons faire décideront de l'existence même et des fondements du gouvernement représentatif. Elles mettent en présence deux principes absolument opposés. Tandis que l'opposition invoque le principe libéral et réclame l'exercice sérieux des institutions représentatives, le gouvernement s'appuie en revanche sur le *principe d'autorité*, c'est-à-dire sur le droit qu'il prétend avoir d'exercer sur la nation une sorte de tutèle, et de la diriger dans le choix de ses mandataires. Les *candidatures officielles*, vivante application de cette doctrine, se placent avec assurance sous la protection personnelle du prince, et c'est au nom de ce patronage qu'elles viennent réclamer notre adhésion. L'administration leur prête ouvertement toute sa force; elle les investit d'une sorte de privilége et d'inviolabilité régalienne; elle leur accorde toutes les immunités dont elle dispose, et qu'elle refuse sévèrement aux candidatures indépendantes. L'opposition n'a pas d'autres armes que celles du droit commun, et qu'une liberté parcimonieusement mesurée par la main même du pouvoir ; mais le gouvernement emploie pour la combattre toute l'influence que la centralisation lui assure, toutes les ressources du pays rassemblées entre ses mains, tout le prestige que la monarchie exerce encore sur l'esprit du peuple français. Elle dénonce comme les ennemis du trône les citoyens qui votent librement. L'exercice du droit électoral n'est à ses yeux qu'un acte d'obéissance et de fidélité envers elle. Aussi nos élections ne sont-elles et ne peuvent-elles être encore à cette heure qu'un combat pour l'acquisition d'une représentation nationale indépendante, et pour la libre possession des droits politiques. Les électeurs des pays libres peuvent se demander quel usage ils vont faire de leur vote, quelle politique ils imposeront au pouvoir sur telle question diplomatique, économique ou financière. Les électeurs français n'en sont pas encore là : ils ont d'abord à se demander s'ils mettront leurs droits en usage, et s'ils feront à la fin sortir des nuages où le gouvernement la tient enveloppée, cette souveraineté idéale dont on leur parle sans cesse, et qu'ils ont si peu pratiquée jusqu'à ce jour.

Voilà ce qui donne aux élections prochaines

leur importance inaccoutumée. Voilà quel est l'intérêt supérieur, le besoin national qui domine en ce moment tous les systèmes politiques comme toutes les questions contemporaines, et qui appelle tous les partis, toutes les écoles libérales, tous les esprits indépendants et éclairés à se confondre dans les mêmes rangs pour travailler à l'émancipation commune. Il faut en effet le répéter bien haut, surtout à cette heure où les esprits nouvellement réveillés se portent avec tant d'impatience vers l'avenir et s'engagent prématurément dans tant de voies différentes, toutes les opinions doivent s'effacer devant la nécessité où nous sommes de revendiquer la franchise électorale et d'exercer un contrôle efficace sur le gouvernement du pays. Le moment serait mal choisi pour s'enchaîner à des théories exclusives. Nous n'en sommes pas à discuter si la justice doit être élective, s'il faut ouvrir ou fermer les clubs, s'il faut conserver ou détruire l'armée permanente, s'il faut maintenir ou supprimer la dotation des cultes : ce sont là des questions trop savantes et trop ambitieuses pour la France actuelle. Les questions qui nous occupent sont en ce moment plus élémentaires. Nous n'avons encore aucun besoin de choisir entre l'élection et l'hérédité, entre la république et la monarchie; mais il est grand temps de nous demander si la France restera éternellement mineure, si le libre usage du droit électoral sera éternellement considéré comme un acte de révolte envers le gouvernement du pays, si les institutions représentatives qu'on nous a données doivent être prises dorénavant au sérieux, ou s'il ne faut les regarder que comme une forme vaine conservée par égard pour d'anciennes traditions, et comme une décoration de théâtre servant à déguiser un gouvernement absolu, — si enfin les affaires du pays seront traitées sans qu'il le sache, sous la surveillance illusoire d'une assemblée choisie pour être la complice de tous les desseins du pouvoir, ou si nous parviendrons à ressaisir un juste contrôle et à borner la toute-puissance de nos maîtres en plaçant auprès d'eux, pour les contenir, des hommes soucieux de la dignité et des intérêts de la France.

Telle est la conquête indispensable que nous avons à faire en ce moment : elle est d'autant plus importante et plus précieuse qu'elle paraît plus modeste et plus simple. Ce n'est pas seulement l'opposition, c'est le pays tout entier, ce sont tous les hommes de bon sens qui la désirent. La majorité des conservateurs est assez intelligente pour comprendre qu'il n'y a rien au monde de plus dangereux qu'un gouvernement personnel et affranchi de tout contrôle sérieux. Si elle persiste dans ses vieux errements et continue docilement à voter pour les candidats que l'administration propose et qui ne peuvent être que des instruments à voter les lois, — si elle reste fidèle au régime des gros budgets, des dépenses folles, des arriérés toujours croissants, des emprunts en permanence, des entreprises lointaines et désastreuses, des armements gigantesques et inutiles, ce n'est pas qu'elle admire ou qu'elle approuve ce qui se passe journellement sous ses yeux; cela tient à ce qu'elle a perdu l'habitude de veiller elle-même à ses propres affaires, et qu'elle s'est accoutumée à suivre sans résistance toute impulsion qui lui venait d'en haut. A force de s'abandonner à une volonté étrangère, elle a perdu la faculté d'agir et de vouloir pour son propre compte. Quand le gouvernement vient d'une voix impérieuse lui dicter un choix qu'elle regrette et la sommer de renouveler pour six ans le vote de confiance dont il a déjà tant abusé, elle n'a pas le courage de lui tenir tête, elle n'en a pas même la pensée, et elle obéit tout en déplorant les fautes commises, tout en gémissant d'en préparer de nouvelles. Sans doute aussi les divisions malencontreuses de l'opposition libérale, les arrière-pensées où se complaisent quelques-uns de ses membres, la forfanterie et l'esprit d'exclusion qu'affichent quelques-uns des partis qui la composent, contribuent à entretenir les incertitudes des conservateurs et à les rejeter dans les bras du pouvoir absolu.

L'opposition aurait tort de prendre des airs tragiques ; elle affaiblirait et rapetisserait la

cause libérale en l'asservissant à des visées ré-
volutionnaires. Elle doit rester l'interprète im-
partiale et désintéressée des besoins du pays.
Si la majorité pouvait lui rendre justice, si les
malentendus qui les séparent pouvaient être une
bonne fois dissipés, si l'on comprenait qu'il faut
choisir entre l'utile et rassurante agitation du
gouvernement représentatif ou « le silence
effrayant » du gouvernement personnel, entre
la sécurité d'un régime libéral où le pays dis-
cute publiquement ses affaires et ne fait que ce
qu'il pense et ce qu'il veut, ou l'instabilité d'un
régime despotique où tout dépend, à chaque
instant, de la fantaisie d'un seul homme, — si l'on
comprenait, en un mot, que c'est le gouvernement personnel qui prépare les révolutions les
plus terribles et qui compromet le plus grave-
ment les intérêts du parti conservateur, alors la
majorité, qui sans doute respecte le pouvoir,
mais qui ne pousse pas le dévouement jusqu'à
vouloir le perdre pour lui obéir, la majorité
elle-même n'hésiterait plus. Elle trouverait encore assez de courage pour sauver l'administration de ses propres fautes. Elle s'unirait au
parti libéral pour revendiquer son droit de contrôle, et pour tirer le meilleur parti possible
des institutions actuelles de la France.

Qu'on ne s'y trompe pas, en effet : ce n'est pas l'opposition seulement, c'est la France tout entière qui est mécontente, alarmée, incertaine, qui a perdu son ancienne confiance dans l'infaillibilité du gouvernement personnel, et qui commence à sentir le besoin d'exercer un contrôle sérieux sur ses affaires. Ce n'est pas chez elle un parti pris théorique, une foi sentimentale, une opinion préconçue. Notre pays n'est malheureusement que trop désabusé des théories, même les plus évidentes, trop sceptique à l'égard des vérités, même les plus essentielles. Lui, le plus zélé champion des idées de liberté dans le monde, lui qui était autrefois si passionné pour elles, et qui se glorifiait de les entendre appeler des idées françaises, il s'est mis, depuis dix-huit ans, à douter de ses propres croyances, et la rude leçon des événements est à présent la seule qui le touche. Si nous revenons en ce moment aux idées libérales, ce sont les faits qui nous y ramènent. Les libéraux d'à présent ne sont point, comme on voudrait le faire croire, des déclamateurs et des sophistes, mais des hommes de bon sens, qui s'appuient sur les besoins et sur les intérêts évidents du pays. Ce n'est point, comme on nous en accuse sans cesse, au nom de certaines abstractions subtiles et de certaines théories politiques nuageuses, que nous réclamons la pratique sincère du gouvernement représentatif en France ; c'est au contraire au nom de l'expérience, et d'une expérience assez chèrement acquise pour que nous nous hâtions d'en recueillir le fruit.

Un retour sincère au gouvernement représentatif, c'est aujourd'hui notre seul remède. Il suffit, pour en être persuadé, d'ouvrir les yeux et de considérer les faits. On nous a dit pendant longtemps que le gouvernement des assemblées était jugé et condamné en France ; que le pays était las des agitations parlementaires, que ses oreilles étaient assourdies de tant de bruits inutiles, et qu'il en avait fini pour toujours avec ce régime de confusion, d'incertitude et d'impuissance. Ce qu'il lui faut, ajoutait-on, c'est un gouvernement stable et fort, silencieux et sûr, indépendant de l'opinion des partis et indifférent à leurs querelles stériles, auquel tout cède et plie sans murmure, où toutes les affaires de l'État soient soumises à une volonté unique et souveraine ; — un pouvoir paternel, qui nous défende de nos propres erreurs, qui nous protége contre nos propres excès, qui nous dispense de penser et d'agir nous-mêmes, et qui nous délivre à jamais l'esprit des vains soucis de la politique. — Eh bien! ce gouvernement paternel, nous l'avons eu pendant dix-huit ans ; pendant dix-huit ans nous l'avóns vu à l'œuvre et nous l'avons laissé maître de toutes choses. Pendant dix-huit ans la vie politique a été éteinte dans notre pays, ou du moins elle n'a jeté que de rares étincelles sans force et sans chaleur. Sauf quelques protestations consolantes, mais jusqu'à présent perdues dans la foule, les élections n'ont été que des blancs-seings où le gouvernement a inscrit ce qu'il a voulu. Il ne peut pas se plaindre que nous l'ayons gêné dans son œuvre et que nous ayons refusé ses bienfaits. Il a joui pendant dix-huit ans de la toute-puissance ; il s'est servi de nous comme d'un instrument, sans que personne vînt lui demander des comptes, sans que personne osât le critiquer tout haut. L'épreuve a été sincère, complète, décisive, et le moment est venu de juger l'arbre aux fruits merveilleux qu'il a portés.

Il faut le dire tout d'abord : la France avait le droit d'être exigeante ; elle pouvait attendre de grandes choses en retour de ce qu'elle donnait elle-même au pouvoir. Jamais nation affamée de repos ne s'était livrée avec un tel abandon à celui qu'elle appelait son sauveur. Jamais la fortune n'avait autant souri à l'avénement d'un régime nouveau. Le gouvernement dictatorial qui en décembre 1851 s'emparait de la France, recueillait d'emblée un superbe héritage, et il avait à son début les plus grandes chances de succès. Malgré la secousse de 1848 et le trouble moral qu'elle avait causé, le pays était prospère et plein de ressources. Les finances étaient en bon état, les affaires reprenaient de toutes parts; la richesse nationale faisait des progrès incroyables. La paix régnait au dedans et au dehors, et rien ne semblait devoir la troubler. L'influence morale de la France — la révolution de 1848 elle-même en avait fourni la preuve — était plus grande que jamais en Europe. Tous les souverains nous craignaient, toutes les nations suivaient notre exemple et plaçaient en nous leur espérance. La seule chose qui nous manquât c'était notre propre confiance.

Le nouveau régime, s'imposant sans effort, rassurant les intérêts effrayés, calmant par sa seule présence la folle terreur que nous avions de nous-mêmes, allait donner un essor extraordinaire à notre prospérité jusqu'alors hésitante. La France d'ailleurs ne lui marchandait ni son admiration, ni son assistance. Le gouvernement impérial, à ses débuts, ressemblait à ces princes des contes orientaux, sur le berceau desquels des génies bienfaisants se plaisent à accumuler tous les dons.

Ce n'est pas tout : dans ce pays si incertain, si agité depuis bientôt un siècle par des révolutions périodiques, le gouvernement impérial avait, nous l'avouons sans peine, une excellente occasion de s'établir avec des chances de durée sérieuses, et de fonder solidement ces deux choses qui sont ordinairement si fragiles en France, une dynastie et la liberté. Il suffisait pour cela qu'il fût prudent, qu'il sût comprendre son intérêt véritable, qu'il adoptât une politique suivie, qu'il évitât les ambitions démesurées, qu'il ne commît pas de grandes folies, qu'il ne s'abandonnât pas trop à ces fantaisies despotiques qui sont le penchant naturel de tous les pouvoirs absolus. Par un de ces caprices du jugement des peuples que le moraliste et l'historien déplorent sans s'en étonner, aucun nom n'était resté plus populaire en France que celui de ce soldat couronné, fondateur de la race impériale, de cet homme à la fois extraordinaire et funeste qui après avoir fait peser sur sa patrie le joug militaire le plus rude, et après l'avoir comblée quelque temps d'une gloire coûteuse et stérile, a fini par la jeter toute sanglante sous les pieds des armées étrangères, mais qui a eu le bonheur immérité d'associer son nom à celui de la révolution française et de mêler le souvenir de sa chute à celui de l'humiliation de la patrie. Aucun souvenir de l'ancienne royauté, aucune récente réputation républicaine ne pouvait soutenir la comparaison de cette grande renommée. De toutes les conditions désirables pour asseoir solidement une monarchie, le prince qui posait la couronne sur sa tête possédait la plus importante et la plus nécessaire, un nom célèbre et connu de tous, un nom gravé dans la mémoire du peuple comme celui d'un héros légendaire, et cependant familier comme celui d'un homme à peine disparu de la scène du monde, un nom qui avait effrayé l'Europe et ébloui la France, qui avait retenti sur vingt champs de bataille et pénétré dans toutes les chaumières, un nom enfin qui était à lui seul une puissance, qui de rien pouvait faire quelque chose, et dont le prestige, habilement ménagé, pouvait suffire à fonder un trône.

La liberté était aussi l'une des conditions de cette entreprise. La dictature qui l'avait provisoirement confisquée, ne pouvait se flatter de la retenir indéfiniment. Nous ne voulons pas douter que le gouvernement nouveau ne songeât dès lors aux moyens de nous la rendre. Il lui suffisait pour cela de le vouloir. Assurément il devait sembler difficile à un pouvoir absolu qui ne puisait son droit que dans sa force, et qui avait peine à souffrir une remontrance quelconque, de s'exposer aux regards de tous, d'appeler lui-même la discussion sur ses actes, et de rendre à la nation la conduite des affaires, sans y être absolument obligé. Mais enfin cet effort de vertu pouvait ne pas paraître impossible : il était permis de l'attendre de la sagesse de nos gouvernants, et de leur intérêt bien entendu. Le gouvernement du second empire, restituant au pays une liberté large et franche, sans trop longtemps la lui faire attendre, se dessaisissant comme avec joie d'une dictature anormale et temporaire, pour se confier à la protection de la France et lui livrer le soin de son avenir, — ce gouvernement, quelle que fût d'ailleurs son origine, eût racheté bien des torts graves et effacé bien des souvenirs mauvais. Il eût apaisé les rancunes des anciens partis en réparant les griefs de la cause libérale. S'il n'avait pu regagner l'affection de ses ennemis et obtenir le pardon de ses victimes, il les eût tout au moins réduits au silence en supprimant le sujet de leurs plaintes. Il fût devenu peut-être, à la longue, le gouvernement définitif de la France.

Ainsi le règne dont on saluait l'avénement devait être grand, pacifique et généreux. Le second empire ouvrait, disait-on, une ère nouvelle, qui s'annonçait pleine de félicités. La France calme, active, prospère, respectée entre les nations, les partis pacifiés, l'ère des révolutions close, et, au bout de tout cela, le couronnement promis de l'édifice, la liberté : non pas cette demi-liberté qui ne sert qu'à aigrir les esprits en leur faisant sentir plus vivement leur dépendance, mais la vraie liberté, celle qui unit les gouvernements et les peuples en associant ces derniers à l'exercice du pouvoir, — tel était le spectacle heureux qui allait enfin nous reposer de nos épreuves. Du moins on nous le promettait, et l'on avait quelque raison de nous le faire espérer, car jamais gouvernement n'avait été plus heureux et n'avait semblé mieux en mesure de tenir de pareilles promesses.

Comment se fait-il donc qu'après dix-huit ans aucune de ces grandes choses ne soit accomplie? que nous nous sentions moins assurés de l'avenir et plus éloignés du but qu'au premier jour? Comment se fait-il que les finances soient obérées, l'industrie souffrante, l'opinion publique alarmée et défiante du lendemain? Comment se fait-il que la France ait perdu la prépondérance qu'elle exerçait alors en Europe? qu'elle soit presque descendue au rang d'une puissance de second ordre? qu'elle soit bravée par la Prusse, menacée par l'Allemagne entière, détestée de l'Italie sa créature, tenue en défiance par l'Angleterre, entourée partout de voisins ambitieux, susceptibles et avides, qui ne cachent même plus leur haine contre le nom français? que pour rétablir seulement l'égalité des forces et tenir en respect ces ennemis nouveaux, elle soit obligée d'épuiser sa population et sa bourse à faire des armements prodigieux, tels qu'on n'en avait encore jamais vu? Comment se fait-il qu'à chaque instant la guerre soit près d'éclater malgré nous, que la France ait besoin de s'armer tout entière en pleine paix, comme au jour des grands dangers de la patrie, qu'enfin elle n'ait plus un seul allié en Europe? Comment se fait-il que les partis n'aient pas été réduits au silence par la satisfaction générale? qu'au contraire, le nombre des mécontents augmente, que les haines sociales soient plus vives, la crainte des révolutions plus grande; que le couronnement libéral si souvent annoncé, si longtemps attendu, soit encore ajourné à des temps meilleurs, ou essayé timidement et de mauvaise grâce, comme une décoration provisoire qu'on renversera peut-être dès demain? D'où vient-il donc que l'édifice commence presque à tomber en ruines avant même que le faîte n'en soit posé? D'où vient-il enfin que les sentiments d'une grande partie de la France, et de celle même qui a le plus acclamé l'empire, soient une résignation découragée à des maux qui semblent sans remède, et une espèce de sombre abandon à la destinée?

Le gouvernement n'a-t-il pas subi quelque grande succession de désastres? En aucune façon. La fortune n'a pas cessé de lui sourire, autant du moins qu'il a dépendu d'elle. Sur le champ de bataille, nous n'avons éprouvé que des succès; sauf l'échec déplorable et bien mérité de l'expédition du Mexique, nos armes ont toujours été victorieuses. Grâce à la valeur et à l'abnégation de nos soldats, les entreprises les plus mal conçues, les plus mal conduites, ont toutes réussi. Les ressources matérielles n'ont jamais manqué au gouvernement ; la France ne lui a marchandé ni ses richesses, ni le sang de ses enfants ; tout ce qu'il lui a demandé, elle le lui a prodigué sans compter. Il a puisé à pleines mains dans le trésor ouvert devant lui. Tous les emprunts qu'il lui a plu d'émettre, et qui se sont élevés à la somme énorme de trois milliards, ont été souscrits abondamment et au delà. Les impôts ont augmenté de six cent quatre-vingts millions.

Enfin, jamais gouvernement n'a eu moins de peine à gouverner ; jamais gouvernement n'a été plus libre, plus souverain dans toutes ses actions. La France avait accepté devant lui le rôle d'une pupille obéissante, qui se laisse guider par une sagesse supérieure et par des raisons à elle inconnues. Elle souffrait qu'on éludât ses questions et qu'on refusât d'y répondre ; c'est à peine si elle murmurait quand elle s'apercevait qu'on l'avait trompée, et elle aimait encore à s'en consoler, en se répétant que c'était pour son bien. Jamais on ne vit nation plus douce, plus accommodante, plus humblement inclinée devant un pouvoir issu d'elle-même, plus persévéramment indulgente pour les erreurs ou les injustices de ses chefs. Non, la France n'a pas manqué à ses maîtres : elle s'est livrée tout entière et sans réserve, pendant plus de quinze ans ; elle n'a péché que par excès de faiblesse et de confiance. Pauvre France, qu'a-t-on fait de toi, en récompense de tant de dévouement? Combien il faut qu'on ait abusé de ta confiance, pour t'avoir fait tomber aussi bas! et comme les imprudents qui te gouvernent auraient aujourd'hui mauvaise grâce à rejeter sur toi leurs propres fautes!

Ces fautes sont bien à eux ; c'est sur eux que la responsabilité pèse ; c'est eux seuls qui devraient en porter le châtiment, si la justice des événements pouvait distinguer entre les vrais coupables et ceux qui ne sont que leurs victimes. — Mais nous ne voulons, nous ne devons pas nous montrer trop sévères à l'égard des gens qui nous gouvernent. Ils ne se sont pas trompés volontairement; leurs intentions, nous l'admettons volontiers, étaient bonnes : le contraire d'ailleurs serait absurde. Ils ne voulaient, assurément, ni épuiser les finances de la France, ni faire couler inutilement le sang de ses fils, ni grossir démesurément sa dette, ni arrêter le progrès de sa population, ni exciter les haines sociales, ni diminuer la situation du pays, ni allumer la guerre européenne, ni même refuser toujours la liberté au peuple français. Il n'y a que les esprits aveuglés par la haine qui puissent admettre sérieusement de pareilles choses. Quels que soient les sentiments qu'on professe pour le pouvoir, il est impossible de regarder les hommes qui l'occupent comme des monstres malfaisants qui nuisent pour le plaisir de nuire. Le gouvernement de la France avait donc de bonnes intentions, — du moins à sa manière. S'il a commis tant de fautes, c'est sans les voir ni les avoir voulues. C'est que par un vice de sa nature et de son origine, elles s'imposaient à lui comme une loi fatale ; c'est qu'elles étaient la conséquence inévitable du gouvernement personnel.

Le gouvernement personnel ! tel est le grand ennemi de la prospérité de la France, le grand ennemi de la dynastie impériale et de tout régime nouveau qui aspire à durer. C'est la cause de tous nos revers, au dedans comme au dehors, la cause de cette décadence et de cette mauvaise fortune dont le pouvoir se plaint de temps en temps, sans comprendre qu'elle vient de ses propres fautes. Ce serait enfin la cause de sa ruine, s'il avait l'entêtement d'y persévérer toujours. Toutes les fautes capitales auraient été évitées, si le gouvernement du pays, au lieu d'appartenir à une volonté unique et occulte, avait appartenu à une assemblée élective et indépendante, — non pas à une assemblée d'hommes de tel ou tel parti, démocrates, parlementaires, libéraux ou conservateurs, ni même peut-être hommes d'opposition ; — mais à une assemblée d'honnêtes gens et d'hommes de bon sens, jaloux de l'honneur national, ménagers des deniers publics, tenant vraiment leur mandat des électeurs, n'ayant contracté envers le pouvoir aucun engagement de vasselage, d'hommes indépendants et fermes, libres de discuter les affaires et de disposer de leur vote suivant leur conscience, décidés à imposer au gouvernement la volonté du pays, au lieu de recevoir eùx-mêmes les ordres du pouvoir. De tels hommes auraient épargné de grands malheurs et à la France, et au second empire ; — car il ne faut pas séparer la cause du gouvernement de celle du pays : leurs volontés devraient être solidaires et leurs véritables intérêts sont communs.

II

C'est par les finances que nous commencerons l'examen des mérites du gouvernement personnel. Nulle part ils ne se peignent aussi bien que dans sa politique financière. Les finances sont le côté par où la politique se rattache aux intérêts de tout le monde, par où elle émeut et

passionne même les intelligences les plus posi-
tives. On peut manquer de ce patriotisme élevé
et de ce sentiment de dignité morale qui s'appelle l'esprit libéral. On manque rarement de
cette prévoyance égoïste et de ce vulgaire sentiment du droit qui font qu'on défend sa bourse
contre les pillards ou les parasites qui voudraient
la prendre. Les finances d'ailleurs sont un crité-
rium sûr pour juger la valeur d'un système politique ; elles présentent des résultats auxquels il
n'y a rien à redire. « Les chiffres gouvernent le
monde, » disait un grand poëte, qui était en
même temps un esprit profond et sage ; « non,
mais ils disent comment il est gouverné. »

Il y a, nous le savons, une école qui dédaigne
ces considérations triviales. « La France est grande, a dit un autre poëte, parce qu'elle a moins de
ventre que les autres nations. » Libre à la poé-
sie de dédaigner les questions d'argent : ce qu'il
ne faut pas, c'est que les gouvernements suivent
cet exemple. On a beau dire, nous n'en sommes
plus aux temps héroïques. Un homme d'État
anglais, M. Lowe, a dit une parole qui convient
tout à fait à notre temps, quand il a promis à
ses concitoyens de veiller avec soin sur « ce
qu'il y a de plus sensible dans la personnalité
britannique, à savoir le *gousset*. » Même dans
l'intérêt de la gloire nationale et de l'éclat qu'elle
peut jeter dans le monde, une caisse bien pleine
a son importance : ce n'est pas un signe d'obé-

sité ou de décadence, mais un signe de force et de santé. Ce qui, dans ce siècle d'idéalisme qui a vu éclore tant de théories sentimentales, fait aujourd'hui l'ascendant de la royauté prussienne, c'est assurément l'idée de l'unité nationale et de la patrie allemande, mais c'est aussi le « gousset » de l'administration prussienne, son économie, sa régularité, sa prudence, l'équilibre de ses budgets, l'abondance de ses ressources, le bon état de ses arsenaux, l'aisance du pays tout entier. Surtout dans un pays centralisé comme la France, le bon état des finances publiques est une condition essentielle de la santé nationale ; car toutes les fortunes privées en dépendent, et elles s'écrouleraient avec le crédit de l'État.

Ce n'est pas dans notre temps et dans notre pays que l'on peut contester ces vérités évidentes ; la question d'argent, s'il faut tout dire, n'y préoccupe que trop les esprits. Ce n'est pas non plus le gouvernement qui peut méconnaître l'importance des questions financières, lui qui s'est offert à la France comme le sauveur des intérêts matériels, comme le restaurateur des finances compromises par les révolutions fréquentes et par les excès de la liberté politique. Il n'aura pas le droit de se plaindre que nous le jugions d'après ses actes, et que nous examinions s'il a vraiment rempli la mission qu'il s'était donnée, si vraiment un gouvernement personnel était capable de la remplir.

En 1851, nous dit-on, quand le gouvernement s'imposa la lourde tâche de veiller aux destinées de la France, la situation financière était vraiment affreuse, et il fallait à tout prix nous « *tirer de l'abîme.* » Les revenus dépassaient à peine 1300 millions par an ; la république avait grossi la dette d'environ 28 millions de rentes ; on était chaque année en déficit de plusieurs millions. Il est vrai qu'on sortait d'une terrible crise et que la république avait su faire tête à tous les engagements du trésor ; il est vrai que les revenus recommençaient à grossir, que la caisse de l'Etat allait recevoir des compagnies de chemins de fer, en remboursement de ses avances, des sommes considérables dont devait profiter l'empire, et qui devaient s'élever, pour une seule année, au chiffre imposant de 58 millions ; il est vrai que l'administration des finances était aussi économe que loyale, et qu'elle se rapprochait tous les ans de l'équilibre. Il est convenu pourtant que nous roulions au fond d'un abîme, lorsque l'empire est venu nous en tirer.

Il appesantit sa forte main sur la France ; aussitôt la confiance se ranima, la richesse prit un développement incroyable ; et — voyez l'étrange résultat de ses bienfaits — dès la première année de son règne, il inaugurait le régime des gros déficits. D'abord, en 1852, ses recettes furent de 1342 millions, les dépenses de 40 millions de plus. Depuis ce temps, à mesure que les revenus ont augmenté, les déficits annuels n'ont pas cessé eux-mêmes de grossir. Ils atteignent à présent, au plus bas mot, la somme énorme de 200 millions par an, et ce déficit quasi normal menace de grandir, presque de doubler encore. Qu'avons-nous donc gagné au change, et de quelle façon le gouvernement actuel a-t-il restauré nos finances ?

En 1851, la France avait une dette dont l'intérêt coûtait au Grand-Livre 230 millions par an. C'était l'arriéré de tous les régimes antérieurs : l'ancienne monarchie y entrait pour 40 millions, la première république pour 10 millions, le premier empire pour 142 millions, la Restauration et le gouvernement de Juillet pour 10 millions seulement, la république de 1848 pour 27 ou 28 millions. Tel était le fardeau que léguaient les siècles passés aux générations futures, fardeau lentement accumulé par toutes les guerres, par toutes les révolutions, par tous les désastres que la France avait subis, par tous les gouvernements, bons et mauvais, qu'elle avait eus jusqu'alors. Le gouvernement impérial, en dix-huit ans d'une prospérité jusque-là sans exemple, a ajouté à ce pesant héritage une dette de près de 3 milliards ; il a détourné 1830 millions des fonds consacrés par la loi à l'amortis-

æment de la rente; il a demandé 4 milliards et
œmi à des emprunts directs ou déguisés. Le
payement annuel de la rente coûte à présent
367 millions, c'est-à-dire 130 millions de plus
qu'il y a dix-huit ans [1].

La guerre, sans doute, est pour quelque chose
dans cet effroyable accroissement de la dette; la
guerre de Crimée a dévoré 1500 millions; la
guerre d'Italie a coûté près de 500 millions; celle
du Mexique en a engouffré 300 pour le moins.
La récente querelle du Luxembourg, en nous
obligeant à remplir à la hâte nos arsenaux dé-
sarmés, nous a forcés à dépenser 80 millions en

---

1. Voici le tableau des divers emprunts contractés sous
l'empire, soit ouvertement, soit sous des formes dégui-
sées :

Mars 1854...............................	250	millions.
Décembre 1854...........................	500	—
1855...................................	750	—
1859...................................	500	—
1864...................................	300	—
Février 1862 (obligations trentenaires		
converties en rentes).................	132	—
Réserves de l'amortissement détournées		
tous les ans..........................	1825	—
Emprunt de 1868.......................	440	—
	4695	millions.

Il faut y ajouter la soulte payée par les porteurs de
4 1/2 p. 100 lors de la conversion du 4 1/2 en 3 p. 100,
et qui augmente le capital reconnu de la dette.

Il faut y ajouter aussi diverses ressources extraordinaires, telles que des aliénations de bois, des rembourse-
ments de chemins de fer, etc.

quelques jours. Mais après chacun de ces événements ruineux, au lieu de revenir à une politique économe et de travailler, comme en Angleterre, au remboursement de la dette encourue, on a continué à creuser le trou toujours béant ; après les emprunts de la guerre, sont venus ceux de la paix. Chaque année, l'amortissement a été détourné de sa destination, pour payer une partie du surplus des dépenses : cela n'a pas encore suffi. La dette flottante, sans cesse accrue, et grossie hors de toute proportion, à dû être périodiquement consolidée par de nouvelles inscriptions au Grand-Livre, et nous venons d'emprunter 440 millions pour liquider le passé, en attendant qu'il nous faille en emprunter quatre cents autres, pour faire honneur aux engagements inconsidérés que l'on a pris au nom de la France.

On ne peut pas se rejeter non plus sur la pauvreté ou sur l'avarice du pays, sur la diminution des revenus ou sur l'abaissement des impôts. Les impôts n'ont pas cessé de grossir ; le double décime de guerre existe encore. D'ailleurs, la consommation s'est accrue dans des proportions incroyables. Les contributions indirectes donnent 260 millions de plus qu'au début de l'empire ; le total des revenus de l'État a augmenté, comme nous l'avons vu, d'à peu près 700 millions ; si ce progrès s'arrête à cette heure, cela vient de ce qu'on en a abusé pour surcharger les forces de la France.

Rien n'a pu suffire à la voracité de l'administration impériale : la France lui a fourni en
dix-huit ans la somme prodigieuse de *trente-
deux milliards*, mais le gouvernement en a
dépensé *trente-sept*, c'est-à-dire près de *qua-
torze* de plus que la monarchie de Juillet n'en
avait dépensé dans un égal espace de temps.
Plus de *cinq milliards* ont dû être demandés à
des ressources extraordinaires, c'est-à-dire à
l'emprunt, pour la plus grosse part. Pour résu-
mer en un mot le système financier de l'empire,
on peut dire qu'après dix-huit ans de règne, le
capital de la dette s'est augmenté des deux tiers,
et que l'intérêt de la dette a grossi de plus de la
moitié.

De quel nom faut-il appeler une politique financière aussi déplorable? — On a voulu pendant
longtemps en faire un système. On a soutenu
que le fruit des emprunts était employé à des
dépenses fructueuses, et que par conséquent il
était sage d'obérer l'avenir ; on a prétendu que
le crédit de l'État n'en souffrait pas, bien au
contraire, que cette prodigalité n'était qu'une
plus grande prévoyance, que l'ancienne politique
économe était sordide, arriérée, indigne de notre
temps. La preuve en était dans le progrès inces-
sant de la richesse publique, dans le continuel
et naturel accroissement des contributions, surtout dans cette facilité des emprunts, qui sont
chaque fois l'occasion d'un nouveau triomphe.

Aujourd'hui le ralentissement des affaires, la chute ou l'arrêt persistant des impôts, font apercevoir ce qu'il y avait de factice dans cette activité surmenée, dans cette abondance surfaite, dans cette richesse boursouflée. Enfin, quant à l'empressement avec lequel tous les emprunts sont couverts, la prime offerte aux souscripteurs explique assez leur grand enthousiasme. Il y a une réponse bien simple à l'argument qu'on voudrait tirer de l'abondance et de la facilté du crédit de l'État : c'est que le gouvernement de la Restauration qui, au commencement, n'avait trouvé crédit qu'au taux élevé de 8 et 1/2 pour 100, empruntait à moins de 4 pour 100 en 1830, et que le gouvernement de Juillet, après avoir payé d'un intérêt de 6 et 1/2 pour 100 l'argent dont il avait besoin au début, trouvait prêteur au bout de treize ans, au taux modéré de 3 et 1/2. Cependant le gouvernement actuel emprunte encore à 4 et 1/2, aujourd'hui comme il y a quinze ans, et cela quand le taux de l'intérêt a baissé sensiblement partout. La vérité, c'est que le crédit de l'État ne vaut pas celui des bonnes maisons de banque, et que la rente est loin de se vendre aussi cher qu'elle se vendait il y a vingt-cinq ans.

Ne cherchons pas à nous payer de vains prétextes. Appelons cette politique de son nom véritable : l'imprévoyance inséparable du système du gouvernement personnel ; le désordre d'une

)lonté que rien ne limite, et qui ne proportionne
ps ses fantaisies aux moyens qu'elle a de les accomplir; l'insuffisance et l'impuissance d'un con-
trle qui consiste à régulariser les comptes du
tréor, en ratifiant tristement les dépenses déjà
faits, au lieu de les contenir avec fermeté dans
les ornes qui leur sont tracées d'avance, et de
les subordonner rigoureusement aux ressources
qu'on peut obtenir.

Qu'arrive-t-il en effet depuis bien des années?
C'est que le gouvernement voit le mal et n'est
pas capable d'y porter remède. Le gouvernement (rendons-lui cette justice) sent lui-même
le danger de cet endettement continuel. Depuis
longtemps les *législateurs* le déplorent et n'osent
l'arrêter. Tous les ministres qui passent au
pouvoir s'en alarment, et ils tentent vainement
de le contenir par des expédients qui ne font
que l'aggraver. Dix fois on a changé de système
et de ministre : M. Fould est venu liquider
M. Magne ; M. Magne est revenu liquider
M. Fould. À chaque fois on imagine de nouveaux procédés, de nouvelles méthodes pour
dresser les comptes, de nouvelles façons plus ou
moins ingénieuses de grouper, de diviser, de
dissimuler les gros chiffres. On invente les
virements pour remplacer les *crédits supplémen-
taires*, qui cependant reparaissent à la fin de
l'année, sous le nom de dépenses extraordinaires
consignées au budget rectificatif. On divise le

budget total en trois ou quatre petits budgets différents, comme si on pouvait l'alléger en le coupant en plusieurs morceaux. On décid qu'au lieu d'une seule colonne il y en aura trois ou quatre séparées, que les additions se ferat de gauche à droite au lieu de se faire de haut en bas, et l'on proclame à son de trompe que on vient d'accomplir une importante réforme. Mais hélas ! l'arithmétique n'est pas l'économi, et le plus subtil mathématicien du monde ne fera pas qu'une dépense soit une recette. Toutes ces combinaisons tant soit peu puériles ne servent qu'à faire preuve de zèle et à dérouter les idées du public ; ce n'est au fond qu'un « trompe-l'œil » à l'aide duquel on essaye de cacher au pays, et de se déguiser peut-être à soi-même, toute la gravité du mal dont on souffre. Ce mal en effet grandit chaque année : il ne peut manquer de s'aggraver sans cesse, tant que le gouvernement retiendra les cordons de la bourse, tant que le Corps législatif n'usera pas de son autorité souveraine, et qu'il ne fera pas autre chose que de sanctionner les dépenses déjà encourues et les événements déjà accomplis.

Il n'est pas dans la nature du gouvernement personnel de savoir résister à la tentation. En dépit des meilleures intentions du monde, tant qu'il aura dans les mains la lettre de crédit illimitée que lui a donnée la France, il en abusera. Ce n'est que dans la crainte salutaire du contrôle qu'un gouvernement comme le nôtre peut trouver assez de force pour éviter les occasions de dépense. Ce n'est qu'en face de la volonté fermement arrêtée du pays qu'il peut se décider à restreindre ses habitudes invétérées de profusion. Pour que le bon sens et le bon ordre viennent à régner de nouveau dans nos finances, il faut que les mandataires du pays sachent dicter à l'administration une politique sage, et qu'ils aient assez de fermeté pour l'y maintenir.

On reproche parfois au gouvernement financier des assemblées d'être trop économe et trop timoré : c'est un défaut dont l'excès même, aujourd'hui du moins, ne serait pas à craindre. Les finances de l'État ne doivent pas, nous dit-on, être gérées, suivant une comparaison familière à M. Thiers, « comme celles d'un bon père de famille. » Mais on nous permettra de répondre qu'elles doivent encore moins être conduites comme celles d'un aventurier et d'un joueur. Assurément les nations ne sont pas de simples individus : la fortune publique est dans d'autres conditions que la fortune privée, et elle ne peut pas toujours adopter les mêmes règles prudentes ; mais elle ne peut pas non plus compter sur la *chance* et s'en remettre au hasard des événements. Il n'y a pas de hasard pour les nations, elles n'ont pas, comme les joueurs, de ces profits inattendus qui relèvent tout d'un coup leurs affaires. La politique n'est pas un jeu où l'on puisse se ruiner, puis s'enrichir, puis se ruiner de nouveau, puis s'enrichir encore. Il est funeste de transporter dans la gestion des affaires de l'État les habitudes d'un prodigue qui se fie à son étoile et qui compte sur la fortune pour réparer les fautes qu'il a commises et payer les dettes dont il est couvert.

Ce qu'on cherche ordinairement dans le gou- -vernement personnel, c'est l'unité, la régula- rité, la prudence ; c'est le désordre et l'impré- voyance qu'on y trouve. Le chef de l'État, il faut en convenir, ne peut guère descendre dans tous les détails de l'administration du pays ; si ses ministres ne sont que ses instruments, s'il n'est pas obligé de se mettre d'accord avec eux et avec le pays, il y a fort à parier qu'il ne s'inspirera que de lui-même, et qu'il se lancera dans des entreprises chimériques. Un écrivain connu, fai- sant l'éloge du système actuel, comparait poéti- quement le chef de l'Etat au capitaine qui se tient debout sur son navire, observant les vents et les étoiles, tandis que le pilote robuste assis à la barre — c'est-à-dire M. le ministre d'État —pousse le gouvernail de son bras vigoureux. Or le capitaine, s'il ne tient pas le gouvernail de ses propres mains, et s'il ne surveille pas les cou- rants et les récifs en même temps que les étoiles, peut mettre le pilote à une rude tâche. Il veut peut-être l'économie, il l'ordonne peut-être à ses serviteurs, mais il la rend impossible à pratiquer. Pendant qu'il rêve à l'empire latin du Mexique, à l'annexion de la Belgique ou du Rhin, à l'achèvement des chemins vicinaux, aux uniformes des soldats de la garde, aux pensions des vétérans de 1813, la dette grossit, le pays s'épuise, le déficit se creuse de plus en plus. De temps en temps, comme ces grands seigneurs qui se ruinent sans le savoir, il jette un coup d'œil sur ses comptes, chasse son intendant, renouvelle ses registres, puis croyant avoir beaucoup fait, il recommence dès le lendemain à dépenser.

Le seul moyen de remédier à de tels maux, c'est de tarir la source des dépenses ; c'est de faire en sorte du moins que le pays puisse l'ouvrir ou la fermer à son gré. C'est de nommer des députés qui exercent un contrôle sévère sur les actes du pouvoir. Mais tant que les ministres et les représentants du pays ne seront que des caissiers occupés à payer les prodigalités d'un maître, tant que subsistera chez nous le système du gouvernement personnel, il est inutile de chercher un remède au délabrement de nos finances.

<h2 style="text-align:center">III</h2>

Tout le monde connaît ces paroles d'un financier célèbre : « Faites-moi de bonne politique et je vous ferai de bonnes finances. » Si le gouvernement personnel a fait de mauvaises finances, c'est parce qu'il faisait de la mauvaise politique.

Il lui était pourtant facile de la faire bonne. Jamais gouvernement, nous l'avons vu, ne s'était trouvé dès sa naissance dans une position plus heureuse et plus forte. Quoi qu'il ait voulu nous en faire accroire, ce n'est pas de lui qu'il faut dater la grandeur de la France. Si pour se disculper de ses maladresses ou pour mieux faire valoir ses mérites, il a décrié ses prédécesseurs et l'état dans lequel ils avaient mis la France, c'est de sa part un défaut de mémoire et presque un acte d'ingratitude. Le fait est qu'il avait reçu d'eux la succession la plus florissante, la plus libre de procès, la plus commode à administrer qui fût jamais. Bien qu'avec un territoire moins étendu de quelques lieues, et avec quelques milliers d'habitants de moins qu'aujourd'hui, la France avait alors en Europe une situation vraiment prépondérante. Depuis qu'elle s'était mise à la tête des idées libérales, elle exerçait sur les nations voisines un ascendant presque souverain. Quoique amoindrie matériellement par les désastres du premier empire, elle en avait réparé toutes les pires conséquences et elle avait détruit par son influence morale la coalition formée contre elle en 1815. On s'était aperçu de sa puissance au retentissement lointain et profond que la révolution du 24 février avait produit dans le monde. Le toscin qui avait sonné dans Paris venait de soulever toutes les nations de l'Europe. A peine la république était-elle installée que tous les peuples s'insurgeaient à notre exemple et que tous les trônes chancelaient à la fois. Notre révolution s'arrêtait-elle au contraire ? Commençait-elle à rentrer dans le chemin battu des anciennes traditions ? aussitôt tous les peuples retombaient sous le joug de leurs anciens maîtres. L'Europe entière avait les yeux fixés sur la France, attentive à toutes nos actions, sensible à tous les mouvements qui nous agitaient, attendant de nous comme d'un oracle le mot de sa destinée. C'est dans ce temps-là que nous aurions eu le droit de nous dire la première des nations du monde.

La république s'écroula au milieu des transports de joie des monarchies qu'elle avait fait trembler ; la liberté disparut avec elle, balayée en un clin d'œil par une réaction toute-puissante. Alors les hommes qui s'emparaient de la France héritèrent de tout le respect qu'on avait pour elle. Elle avait tant effrayé l'Europe qu'on fut tout étonné de la voir soumise. On conçut la plus haute idée du gouvernement qui venait de s'établir ; le nouveau prince qui en était le chef passa pour le plus grand des hommes ; les rois le saluèrent avec empressement, s'inclinèrent à l'envi devant ce · libérateur ; les peuples le craignirent comme un maître et sentirent qu'il fallait lui plaire. Ainsi, dès le premier jour de son règne, le nouveau maître de la France se trouva sans effort, par le seul fait des circonstances qui le portaient au trône, le premier des souverains de l'Europe et l'arbitre naturel du monde.

Le gouvernement n'avait donc pas besoin de guerroyer ni d'intriguer pour grandir son rôle ; il n'avait pas besoin de reconquérir par des coups d'éclat ou de ressaisir par des menées ténébreuses une influence perdue ou compromise. Il n'avait qu'à persévérer dans la voie que lui ouvrait sa fortune, à se faire le pondérateur des puissances, le frein des ambitions nationales, à ne compromettre le pays dans aucune entreprise douteuse, à ne tirer l'épée que pour protéger les faibles, à jouer loyalement et au grand jour, ce rôle honnête et désintéressé, mais en même temps si glorieux, si commode et si profitable, de *gendarme* européen, décidé à conserver la paix. Mais ce rôle auquel il aspirait, — du moins il faut le croire, — il ne pouvait être donné à un gouvernement personnel de le remplir longtemps avec succès.

Pendant les premières années du règne, l'impulsion donnée se continua sans peine. La guerre de Crimée, guerre sans résultat, conduite avec une rare impéritie, ajouta cependant à notre prestige en ralliant autour de notre dra-

peau toutes les principales puissances, et en
nous faisant paraître comme les grands justiciers de l'Europe. Ce ne fut pour la question
d'Orient qu'un vain replâtrage, mais ce fut un
temps d'arrêt pour l'ambition russe, une écla-
tante confirmation de notre ancienne renommée
militaire, une victoire surtout pour notre influence morale.

La guerre d'Italie, plus discutable, nous fit
déjà paraître sous un jour nouveau. Sans doute
nous relevions un peuple opprimé, nous prê-
tions les mains à une entreprise nationale et
généreuse, mais nous n'agissions déjà plus
comme des justiciers; nous nous faisions cons-
pirateurs ou complices d'une conspiration. Sans
chercher à mesurer la part des exhortations
mazziniennes et des conversations de Plom-
bières dans l'alliance franco-piémontaise, nos
griefs allégués contre l'Autriche n'étaient, il
faut l'avouer, que des prétextes; c'était bien
nous, en vérité, qui troublions la paix de l'Europe. Malgré deux victoires glorieuses pour nos
armes, malgré l'acquisition de Nice et de la Savoie, nous subissions une sorte de déchéance,
car nous ébranlions l'autorité morale dont nous
jouissions encore en Europe.

Mais puisqu'on voulait émanciper l'Italie, il
fallait le vouloir avec franchise et avec fermeté ; il
fallait profiter du succès de nos armes et de notre influence encore si grande pour aller droit

au but, et pour s'y tenir. On aima mieux louvoyer, négocier et attendre. La France, à la stupéfaction générale, s'arrêta à moitié chemin de sa victoire, suspendant son œuvre inachevée, souscrivant un compromis boiteux, laissant subsister (sans doute à dessein) des causes de trouble et de division future. Au lieu d'agir comme il convenait à la force et à la dignité de la France, et d'annoncer nos volontés justes avec la résolution de les faire prévaloir, nous sommes entrés depuis lors dans cette voie de concessions et de ruptures, d'abandons et de retours, de paroles données et reprises, de promesses secrètes et de complicités tacites, qui devait nous conduire peu à peu à ruiner le crédit de notre politique et à perdre le respect de l'Europe. Les conventions de Villafranca recevaient un premier démenti au congrès de Zurich; le traité de Zurich à son tour était violé insolemment par l'Italie notre alliée, agissant, disait-on, d'après nos conseils, et le sang français répandu à Castelfidardo donnait à cette rupture de la foi jurée quelque chose de plus humiliant et de plus odieux. Les étrangers apprenaient à se jouer de la France, en voyant avec quelle patience exemplaire nous supportions les bravades du gouvernement italien ; ils apprenaient à se défier de la France, quand des indices trop sérieux leur donnaient à penser que les deux gouvernements étaient d'accord et qu'ils jouaient devant l'Europe une comédie où le plus beau rôle n'était pas le nôtre. Qu'on nous crût trompés ou trompeurs, notre honneur était toujours compromis.

Dans quel intérêt le gouvernement français favorisait-il les intrigues italiennes? Quelle était la raison de sa bienveillance pour les ambitions de la nation nouvelle? Pourquoi encourager toutes ces convoitises, si l'on n'était pas décidé à les satisfaire? Pourquoi ménager ainsi le pouvoir du saint-siége, si l'on ne voulait ni le supprimer, ni le laisser sans défense? Quelle espèce de profit le cabinet des Tuileries espérait-il tirer de cette politique tortueuse? Elle ne pouvait que nuire à la France, en la mettant dans une de ces positions insoutenables, où il n'y a plus de bon parti à prendre, quoiqu'il faille cependant prendre un parti, et où le plus sage est encore de revenir sur ses pas. Cette politique ne pouvait nous faire que des ennemis dans les deux camps. Après s'être compromis pour les Italiens, sans pouvoir gagner leur affection, il a fallu se décider à faire une seconde expédition romaine, pour conserver à la papauté le dernier lambeau de son patrimoine. Et de part et d'autre on n'a le droit d'attendre aucune reconnaissance ni aucun respect. En vérité, plus on y songe, et moins on découvre l'intérêt qui a pu guider le gouvernement de la France, le dessein qui a pu, depuis dix ans, présider à sa politi-

que ; — à moins pourtant que l'unité italienne ne
fût le prélude de l'unité allemande, et qu'il ne
faille considérer nos victoires comme le premier
anneau d'une chaîne savante qui devait aboutir
à Sadowa.

L'affaire d'Allemagne est un autre exemple
de ces combinaisons machiavéliques, où notre
diplomatie semble se complaire, et qui tournent
toujours à son détriment. Là, comme ailleurs,
son rôle était simple : elle n'avait qu'à suivre la
ligne droite. En présence des ambitions et des
rivalités qui troublaient la Confédération germanique, la France n'avait rien à faire qu'à
dire : « Je veux la paix. » Elle devait le dire
avec autorité, et en faisant mine de jeter son
épée dans la balance, si ses représentations n'é-
taient pas bien accueillies. Elle devait surtout
rassurer les nations étrangères et calmer les alar-
mes du patriotisme allemand, toujours ombrageux
à notre égard, en montrant un désintéressement
absolu, et en repoussant toute idée de conquêtes. De cette façon, elle ne pouvait manquer de
serrer tous les petits États de l'Allemagne autour d'elle et de tenir en respect l'ambition de
la Prusse.

Mais non : le cabinet de Paris voulait des
conquêtes, et il avait la prétention de les obtenir
sans tirer l'épée. Il s'appliquait lui-même à
brouiller les cartes, afin de mettre aux prises les
deux puissances rivales, et de prendre sa part

du butin sans avoir pris sa part du danger. Il voulait, comme on dit, pêcher en eau trouble. Il fallait que l'Autriche fût battue afin de compléter le territoire italien et d'achever l'œuvre qu'on avait eu la faiblesse d'interrompre à Villafranca. Cette concession, à la vérité, pouvait être obtenue par la diplomatie française sans qu'il y eût du sang versé en Italie ; l'Autriche l'a prouvé, puisque sa victoire de Custozza ne l'a pas empêchée de céder la Vénétie ; elle aurait certainement consenti à payer de ce prix la neutralité italienne, si la diplomatie française avait pris à tâche d'adoucir pour elle cette humiliation. Mais ce n'était pas encore là ce que l'on voulait ; on voulait, suivant un mot peu connu, mais digne d'être célèbre, « qu'il y eût une guerre, » afin que les deux grandes puissances belligérantes, une fois affaiblies l'une par l'autre, acceptassent l'arbitrage intéressé des Tuileries, et que la France pût venir à son heure mettre le holà sur le champ de bataille, en s'adjugeant pour prix de ses peines la part du troisième larron.

C'était là un jeu d'une générosité douteuse. Au moins fallait-il le jouer hardiment, du moment qu'on n'en rougissait pas. Mais l'audace a encore manqué pour recueillir le profit de la ruse. On a commencé par alarmer l'Europe en lui adressant de but en blanc l'inutile provocation du discours d'Auxerre ; puis, après ces paroles menaçantes, on est resté sur le Rhin, l'arme au bras, spectateur inactif et étonné des événements qui se pécipitaient en Allemagne. Après avoir formé de ses propres mains cette alliance italo-prussienne, qui devait, pensait-on, égaliser les forces des deux principaux combattants, on a laissé la Prusse écraser l'Autriche, façonner la Confédération du Nord, soumettre l'Allemagne entière à son influence, rétablir enfin l'empire germanique avec une forte organisation qu'il n'avait jamais eue. On ne s'est réservé que la gloriole de servir de notaire à la cession de la Vénétie et de donner par là un prétexte de plainte à la sourde animosité de l'Italie. Voulait-on acquérir du territoire ? on n'en a pas obtenu une parcelle. Voulait-on grandir l'influence et l'autorité morale de la France ? on lui a fait partout des ennemis : ennemie au fond l'Italie, à qui pèse le fardeau de la reconnaissance et qui brûle de s'en affranchir; ennemie au fond l'Autriche, abandonnée, affaiblie par nous, rejetant sur nous la responsabilité de ses malheurs; ennemie surtout l'Allemagne entière, rassemblée sous le sceptre de la Prusse, et tenue en alarme par la pensée que nous avons sur elle une revanche à prendre. Était-ce, comme nous l'avons dit, les traités de 1815 que nous voulions détruire? Nous les avons rajeunis au contraire et cruellement aggravés.

Quelle attitude a-t-on prise ensuite? A-t-on

osé franchement déclarer la guerre ? A-t-on su dignement conserver la paix, acceptant les faits accomplis, reconnaissant ce qu'ils avaient de pénible et de fâcheux pour la France, mais rassurant l'Allemagne par une réserve prudente, tout en lui imposant du respect par un fier langage ? Entre ces deux conduites possibles, quelle est celle que le gouvernement a tenue ? Ni l'une ni l'autre.

Il était trop tard pour la guerre. En se fâchant des agrandissements de la Prusse, auxquels la politique française avait concouru, le gouvernement se serait rendu ridicule et odieux à l'Europe. Il eût été insensé de jouer l'existence du pays et de faire couler des flots de sang pour effacer les conséquences d'une guerre à laquelle on avait travaillé soi-même et dont on était moralement responsable. D'ailleurs, il aurait fallu tenir tête à l'Europe entière : à l'Italie, liée désormais à la politique prussienne ; aux peuples allemands entraînés par l'idée unitaire ; à l'Angleterre peut-être, alarmée pour l'indépendance et pour la sécurité de la Belgique. En ce moment même nous étions affaiblis par les suites de la catastrophe mexicaine. C'eût été une folie que de nous lancer dans de telles entreprises, au sortir d'une aventure qui nous avait déjà si fort éprouvés.

La paix était donc nécessaire ; mais quoique pénible pour notre orgueil, elle pouvait encore être franche et digne. Nous n'avions pas besoin, pour rester en paix, d'acclamer hypocritement les victoires de la Prusse, et d'essayer de nous associer gauchement à son triomphe. Le gouvernement se crut obligé de le faire pour couvrir l'honneur de sa retraite. Déguisant sa confusion et son chagrin sous le masque d'une impartialité généreuse, on le vit avec étonnement monter au Capitole et se couronner lui-même de lauriers. Un ministre alla jusqu'à dire, dans une circulaire restée fameuse, que la bataille de Sadowa nous délivrait d'un voisinage redoutable, en brisant le faisceau de l'unité allemande, jusque-là resserrée contre nous. M. Rouher fit au Corps législatif l'éloquent tableau d'une Allemagne autrefois menaçante, mais désormais inoffensive et divisée en trois tronçons auxquels on ne permettrait plus de se rejoindre. C'était l'instant même où un traité de douanes renouait les liens des deux Allemagnes, et où l'union militaire, conclue sous l'influence de la Prusse, les mettait toutes les deux à sa discrétion. C'était l'occasion de faire entendre notre voix, et de montrer que nous ne proférions pas de vaines menaces. Mais non ; le cabinet de Paris subit d'abord cette nouvelle mortification en silence. Puis, quelques mois plus tard, à propos du petit territoire du Luxembourg, il faillit mettre le feu à l'Europe.

Le gouvernement, qui n'avait pas eu le cou-

rage d'affronter la guerre, n'avait pas non plus
la constance de se résigner aux conditions de la
paix.

Mais dans cette revue des fautes et des malheurs de la France, c'est à l'expédition du Mexique que la place d'honneur doit appartenir. Nous
y retrouvons dans toutes ses phases les caractères de cette politique à la fois indécise et obstinée, timide et téméraire, chimérique et cauteleuse, machiavélique et imprévoyante qui est
celle du gouvernement personnel. La légèreté
avec laquelle on s'est embarqué dans cette expédition ruineuse, la hauteur avec laquelle on a
nié l'objet de l'entreprise, le dédain avec lequel
on a traité l'opinion du pays, la persistance avec
laquelle on s'est acharné, pendant plus de quatre ans, dans une folie qu'on n'osait même pas
avouer à l'Europe, enfin l'assurance inouïe avec
laquelle on a voulu rejeter sur la France la responsabilité du désastre au-devant duquel on
l'avait entraînée malgré elle, c'en serait assez
pour nous faire sentir, si même déjà nous ne
l'avions comprise, la nécessité du contrôle rigoureux et de la libre discussion de nos affaires.
La seule idée d'une pareille aventure ne pouvait
naître que dans ces régions où l'habitude de la
toute-puissance arrive à troubler la raison.

Non, le pays n'est pas l'auteur de ces grands
revers. La politique du pays, si le gouvernement
lui avait permis d'en avoir une, aurait été plus

sage, plus loyale, et plus simple. C'est le gouvernement qui a tout fait, et à qui doit en revenir tout l'honneur. Il serait injuste d'accuser la France d'avoir contrarié les grands desseins du pouvoir, car elle n'est encore intervenue que pour lui donner d'avance un blanc seing, ou pour ratifier les événements accomplis. Quand elle a demandé des éclaircissements, on les lui a refusés avec rudesse. Toutes les fois qu'on y a vu un intérêt quelconque, on lui a dit le contraire de la vérité. Le soin que le gouvernement a mis à nous déguiser ses projets est un hommage involontaire rendu à l'excellence du contrôle et à la sagesse du pays.

Veut-on savoir où en serait la France sans les bienfaits du gouvernement personnel? On n'a qu'à voir ce qu'elle était avant de le connaître. Sous un régime de discussion publique et de contrôle sérieux, la plupart des fautes des années dernières n'auraient pas été commises. La France serait paisible, estimée, respectée en Europe, elle inspirerait confiance, et l'on n'aurait à son égard que des idées de paix. Sans doute nous n'aurions pas rêvé la fondation d'un *empire latin* au bout du monde, l'acquisition des trésors merveilleux de la Sonora; nous n'aurions peut-être pas annexé la Savoie; nous n'aurions pas nourri de projets ambitieux sur les provinces Rhénanes ou sur la Belgique, mais nous n'aurions pas subi l'humiliation du Mexique; nous n'aurions pas été bravés par les Etats-Unis, par l'Italie, par la Prusse; nous n'aurions pas à notre frontière une grande nation militaire de soixante millions d'hommes; nous ne serions pas isolés, sans alliés en Europe, obligés de doubler notre état militaire; nous ne serions pas dans l'incertitude et dans l'attente, dépendant d'une volonté solitaire et mystérieuse, à la fois effrayants et effrayés nous-mêmes.

Il n'est pas trop tard pour réparer le mal. Disons-nous une bonne fois que nous voulons être libres; montrons à l'Europe que nous sommes nos propres maîtres, et nous retrouverons la confiance, la sécurité, la dignité qui nous manquent. Nous serons plus respectés, quoique moins terribles. Les peuples voisins seront moins belliqueux à notre égard. Nous-mêmes, sûrs de notre franchise et de nos intentions pacifiques, nous nous sentirons à l'abri de ces grands revers, qui sont le châtiment des ambitions malsaines.

IV

Ce sont là des vérités acquises. Presque tout le monde aujourd'hui veut le contrôle. Sauf une minorité insignifiante d'absolutistes incorrigibles, tout le monde fait des vœux sincères pour que le pays obtienne (suivant le langage de nos jours), « une participation plus grande » aux affaires publiques. Tout le monde s'accorde sur le but : c'est sur les moyens qu'on diffère. Nous sommes tellement habitués en France à ne jamais compter sur nous-mêmes, et à tout recevoir du gouvernement comme d'une providence, que bien des gens se contentent d'un désir platonique, et se croient obligés d'attendre en silence qu'il plaise au pouvoir de les rendre libres. Ils souhaitent la liberté tout autant que d'autres, mais ils voudraient ne la tenir que des bienfaits d'en haut. Ils sentent que tout retard est funeste, et qu'il serait urgent d'appliquer le remède ; mais ils espèrent qu'on leur épargnera la dure nécessité de l'appliquer eux-mêmes. Ils aiment mieux patienter et patienter encore, jusqu'à ce que le gouvernement personnel, instruit par ses propres fautes, sente le besoin de les satisfaire et d'abdiquer lui-même entre leurs mains. —Cette abdication n'est pas vraisemblable et dans tous les cas elle n'est pas prochaine. Ceux qui s'en remettent à l'expérience du soin d'amender le gouvernement personnel, se leurrent malheureusement d'une espérance vaine. Si nous voulons qu'on nous rende le contrôle, il faut que nous le reprenions de nos propres mains.

C'est là, dira-t-on, un langage téméraire. Le

pouvoir a ses droits, tout comme le pays. Le principe de l'autorité ne doit pas être sacrifié légèrement aux exigences d'un libéralisme imprudent. Ce serait manquer de respect au gouvernement, que de lui témoigner de la défiance et de prévenir par des réclamations blessantes les concessions toutes gracieuses qu'il médite. Il en prendra un jour l'initiative, et il faut donc lui en laisser l'honneur. Qui sait d'ailleurs où pourraient nous conduire nos impatiences? L'esprit de liberté et l'esprit de révolution se touchent. Prenons garde qu'en essayant de hâter la conversion trop lente du gouvernement, nous ne le rejetions, à notre insu, dans quelque réaction intempestive! Si au contraire nous le laissons venir, sans essayer de presser son allure, il arrivera de lui-même au point où nous voudrions l'amener. Est-ce qu'il ne s'achemine pas déjà vers la liberté? Est-ce qu'il n'y a pas eu, depuis quelques années, de sérieux changements dans nos institutions, de grandes et bienfaisantes innovations libérales? Laissons-le faire, ne le tourmentons pas, ne brusquons pas son caractère; consolons-nous de nos malheurs en nous disant qu'ils servent à l'instruire. Tout vient à point à qui sait attendre. Un jour, à son heure, il viendra vers nous, et ce sera lui qui nous suppliera de vouloir bien être libres. — Voilà ce que disent ces grands politiques, si communs en France à l'heure présente, qui se croient profonds parce qu'ils sont timorés, et qui passent pour prudents, parce qu'ils n'agissent jamais.

Les honnêtes gens qui font ces calculs courent le risque d'attendre longtemps ; l'expérience à laquelle ils veulent nous soumettre pourrait bien se prolonger d'une manière incommode. Il serait fort possible qu'elle ne fût achevée que le jour où nos maux seraient irréparables : le jour de la conversion du gouvernement personnel serait ainsi le jour de sa ruine. Jamais le gouvernement personnel ne se dessaisit volontairement de ce qu'on lui laisse. Il ne peut pas s'améliorer ni se transformer par en haut. Incapable de donner une direction sage aux affaires, et de mettre les plus sérieux intérêts du pays en balance avec ses caprices, il manque à plus forte raison de cette abnégation patriotique et de cette fermeté courageuse sans lesquelles il ne pourrait pas devenir sincèrement libéral.

Cette impuissance à se corriger n'est jamais plus grande que lorsqu'il s'agit de toucher à la source même de son pouvoir. Pas plus dans la politique intérieure que dans les affaires du dehors, il ne saurait avoir une conduite cohérente et des idées suivies. Ce n'est pas qu'il soit inactif et immobile ; au contraire, au sein de sa placidité apparente, il est sujet à une inquiétude et à une agitation perpétuelle. Tous les jours il se demande ce qu'il pourra faire de nouveau ; tous les matins il détruit ce qu'il a fait la veille.

Il va, vient, tourne et retourne, avance et recule, veut et ne veut plus ; il essaye toutes sortes de réformes qu'il regrette aussitôt le lendemain ; il publie des promesses fastueuses qu'il laisse bientôt tomber dans l'oubli. Il s'étonne des obstacles qu'il rencontre sur sa route ; il s'emporte contre les résistances qu'il a lui-mêmes provoquées ; il s'irrite des conséquences inévitables de ses propres actes. Il ne s'engage que par surprise, ne se résigne qu'avec dépit, s'obstine en toute chose et n'achève rien. Telle est en elle-même, et quand rien ne la corrige, la politique du gouvernement personnel : elle s'agite dans tous les sens, mais elle tourne sur place, et le seul principe auquel elle reste fidèle est celui de l'arbitraire qui la dirige.

C'est aujourd'hui une théorie courante que les gouvernements nouveaux doivent traverser une période dictatoriale, avant d'arriver à la liberté. Tout le monde n'est pas de cet avis. Les gouvernements dont l'origine est pure peuvent entrer de plain-pied dans la pratique sincère du gouvernement représentatif. Ce qui est certain, c'est qu'une dictature ne peut être éternelle. Un jour vient où l'intérêt même du pouvoir exige des concessions libérales, où le gouvernement ne veut plus avoir l'air de s'imposer au pays. Alors il ne lui suffit plus ni des baïonnettes, ni des casernes, ni même de l'obéissance machinale de la foule. Il sent qu'il ne peut s'assurer qu'à la condition de prendre une autre route. C'est alors le moment des intentions libérales; il ne faut pas douter qu'elles ne soient sincères. Mais aura-t-on la fermeté de les accomplir? Triomphera-t-on de l'infirmité naturelle à tous les gouvernements qui s'appuient sur le principe de l'autorité?

On a pu croire, il y a plusieurs années, que le gouvernement impérial allait donner ce noble exemple. Le chef de l'État lui-même avait prononcé ces graves paroles : « Mon gouvernement manque de contrôle. » Aveu solennel qui semblait contenir l'annonce d'une politique nouvelle, et qui équivalait, dans cette bouche auguste, à un engagement véritable. Depuis ce temps-là, quelques réformes, les unes importantes, les autres futiles, et échelonnées de distance en distance comme les jalons d'une route à peine tracée, sont venues rappeler au pays que le gouvernement n'avait pas oublié ses promesses, et qu'il songeait encore à y faire honneur, mais, s'il était possible, à bon marché. Malgré ces velléités sincèrement libérales, malgré plusieurs innovations sérieuses et plusieurs essais toujours dignes d'éloge, malgré la discussion publique restituée, la liberté de la presse recouvrée à demi, le droit de réunion ébauché pour l'avenir,— les prétentions du gouvernement sont restées les mêmes. Il a continué à imposer ses choix dans les élections, à poursuivre comme

ses ennemis tous ceux qui refusent d'y sous-
crire, à ressentir toute contradiction et toute
critique comme une attaque à son existence
même. Tout en se vantant de nous restituer nos
libertés mises sous le séquestre, il n'a cessé de
réclamer de nous une approbation silencieuse
et une abdication perpétuelle. Il n'a fait appel
au pays que pour lui interdire d'y répondre; il
n'a réveillé les esprits et les consciences que pour
leur ordonner de se rendormir. C'est encore
l'esprit du 2 décembre qui règne dans la politique officielle à côté des institutions du 24 no-
vembre et des libertés du 19 janvier.

Il faut être justes : nous avons aujourd'hui
plus de liberté qu'il y a dix ans, ou du moins
nous sommes mieux armés pour conquérir la
liberté. Mais tout ce que le gouvernement a
cédé, ce ne sont, à vrai dire, que des moyens :
quant au contrôle véritable, à la direction de
nos affaires, à la possession positive de nous-
mêmes, quant à cette vraie liberté qui est le but
de nos efforts et l'objet de nos disputes, le gouvernement la confisque encore, et il ne la cédera
jamais si nous ne savons la prendre. Les concessions qu'il nous a faites sont comme un
à-compte, moyennant lequel il espère nous faire
oublier sa dette. Il nous en ferait encore bien
davantage, pourvu qu'on ne touchât pas à son
essence même, et qu'on ne lui demandât pas
d'abandonner le dernier appui du gouvernement

personnel, en donnant au pays des élections libres.

Voilà ce qui rend jusqu'à présent si stériles
les tentatives libérales du pouvoir. La plupart
du temps elles se traduisent, comme ses essais
d'économie, par un chassé-croisé de ministres,
et par un amical échange de portefeuilles entre
les sept ou huit hommes d'État qui se les par-
tagent. On crée le ministre d'État, puis on le
supprime, puis on le relève. Tantôt on l'envoie
seul dans la Chambre affronter les applaudisse-
ments de la majorité ; tantôt on donne pour
auxiliaires à cet infatigable avocat du gouvernement plusieurs ministres sans portefeuille, choi-
sis pour prêter leur éloquence à leurs collègues
laborieux et muets. Enfin les ministres prati-
quants sont personnellement envoyés aux Cham-
bres, et autorisés à soutenir eux-mêmes les
affaires qu'ils ont dirigées; mais on stipule alors
expressément qu'ils n'y paraissent pas en leur
propre nom, mais bien comme défenseurs de la
politique impériale, et comme interprètes de la
pensée du souverain. On accorde aux représentants du pays le droit de répondre au discours
de la couronne et d'exprimer leur opinion sur
la politique générale par une *adresse* discutée
et votée en commun : un beau matin on le leur
retire, et on leur fait présent à la place du droit
d'interpellation réglementé, si bien réglementé,
en effet, qu'il est impossible d'en faire usage

sans le visa des ministres. Est-ce donc là une politique sûre, suivie, progressive, à laquelle nous devions témoigner de la confiance, sur laquelle nous puissions nous reposer de notre avenir ? N'avions-nous pas raison de dire qu'elle tourne sans avancer ?

Quant à ces réformes du 19 janvier, dont l'application a déçu tant d'espérances, quant à ces libertés si péniblement admises et si ingénieusement rétrécies par la main de nos législateurs, on conçoit très-bien l'hésitation et les répugnances qu'elles ont soulevées parmi les serviteurs de l'empire. Elles ne sont pas d'accord avec le système que le gouvernement persiste à maintenir. Que signifient-elles, en effet, si l'on ne veut pas que le pays s'en serve ? Pourquoi nous donne-t-on ces armes dangereuses, si l'on s'entête à nous traiter en ennemis ? Pourquoi nous donne-t-on des libertés spéciales, si l'on nous refuse la liberté-même ? Pourquoi enfin l'indépendance de la parole, si l'on nous refuse celle des élections ?

Nos institutions ont été modifiées ; mais la politique du gouvernement personnel est restée la même. Au contraire, plus il a paru incliner dans le sens libéral, plus il s'est cramponné au système des candidatures officielles comme à sa dernière ancre de salut. Plus il se montre large en théorie, plus il déploie d'âpreté dans la pratique. Son libéralisme est pareil à l'hospitalité de cette table somptueuse où Sancho Pança vint s'asseoir une fois, et dont tous les plats disparaissaient l'un après l'autre, aussitôt que le convive essayait d'y toucher. Cette comédie peut sembler plaisante et commode à ceux qui la jouent. Mais elle est nuisible au pays, nuisible à la longue au gouvernement lui-même, qui avec un pied dans la dictature, un pied dans la liberté, ne veut se décider pour aucune, et dont l'autorité s'affaiblit, parce qu'il ne sait pas vouloir.

C'est donc à nous de vouloir à sa place. Une volonté nous suffit pour réussir ; l'instrument de notre liberté est déjà dans nos mains. Désormais tout le gouvernement personnel est concentré dans le système des candidatures officielles soutenues par les moyens que nous connaissons. Si les candidatures officielles étaient vaincues, si la prochaine élection était sérieuse, la France se trouverait d'un jour à l'autre, sans révolution, sans violence, par la simple expression d'un suffrage sincère, un des pays les plus libres du monde. Chassons donc le gouvernement personnel de sa dernière forteresse et de son dernier refuge. Il ne subsiste plus que par notre indulgence et c'est notre faute à tous s'il triomphe encore. Amis et ennemis, notre devoir est le même : il faut en finir avec un système de gouvernement qui nous ruine. Que ceux qui ne s'intéressent pas à la liberté songent au moins au salut de l'empire.

V

Nous osons parler du salut de l'empire. Est-ce que par hasard nous le croyons compromis? Est-ce que déjà nous serions du nombre de ceux qui en désespèrent? Loin de là, nous avons pour principe qu'il ne faut jamais désespérer des gouvernements qui existent, qu'il ne faut jamais se proposer pour but de les détruire, et que d'ailleurs il n'est jamais trop tard pour ceux qui veulent s'améliorer de bonne foi. Ce sont les amis particuliers de l'empire, qui se plaisent à exagérer ses périls et qui nous entretiennent journellement de leurs craintes. S'il fallait en croire ces amis effrayés, le gouvernement serait tellement malade qu'il ne pourrait plus soutenir l'épreuve de la liberté ; il ne faudrait plus songer à le consolider que comme ces édifices vermoulus et chancelants, dont on renonce à réparer les fondations, et auxquels on met des étais provisoires pour prolonger leur durée. Ce sont les libéraux qui croient au contraire que le temps des simples expédients est passé, et qu'il ne s'agit plus pour le gouvernement de se maintenir, mais de fonder quelque chose de durable et de sérieux.

Il n'y a rien de blessant dans cette prévoyance. Il n'y a rien d'irrespectueux à reconnaître que, dans un pays comme la France, la situation de tous les gouvernements est précaire, et qu'ils doivent songer à l'avenir. Le gouvernement impérial ne peut se flatter plus qu'un autre d'échapper à cette nécessité commune. Il a raison de s'en préoccuper d'avance, et les libéraux ont raison de lui en donner le conseil. Ce n'est pas en tenant un pareil langage qu'on excite le pays aux révolutions.

Pourquoi hésiter devant certaines paroles? Pourquoi ne pas déchirer franchement tous les voiles? Pourquoi ne pas dire hardiment la vérité tout entière, et parler d'avance le langage de l'histoire? La vérité ne peut être que la bienvenue auprès des hommes de bonne foi; elle cesse d'ailleurs d'être effrayante, quand on sait la regarder en face. Disons-le donc comme tout le monde le pense : la question de l'hérédité du trône est aujourd'hui la grande préoccupation du gouvernement, sa louable et légitime inquiétude. L'empereur (pourquoi ne pas l'appeler ici par son nom?), l'empereur veut avant tout perpétuer sa dynastie. Tous les gouvernements établis en France, depuis la Révolution jusqu'à nos jours, ont péri successivement par leurs propres fautes. Le souverain veut que son œuvre à lui soit durable, et le pays, qui est las des révolutions, ne demande qu'à le seconder dans sa tâche.

Mais comment fonder la dynastie? Comment s'y prendre pour faire entrer dans l'esprit d'une nation à moitié républicaine ce sentiment de déférence héréditaire et ce respect raisonné des institutions, qui peuvent seuls la retenir fidèle ? Il y a une école qui se vante d'y réussir par l'emploi du gouvernement personnel, et par un retour pur et simple à toutes les brutalités de la dictature. Ces insensés (pour ne pas leur donner un nom plus sévère) traitent la justice et la liberté de chimères, menacent le gouvernement d'une ruine imminente s'il persiste à se réconcilier avec elles, et lui proposent, pour toute politique, de rouvrir les prisons et les bagnes. Ils espèrent consolider le pouvoir impérial et le rendre invulnérable à toutes les révolutions présentes et futures, en concentrant toute l'autorité dans les mains d'un seul homme et en laissant cette autorité sans limites. Quelle étrange folie que de penser qu'on donne de la stabilité au pouvoir quand on fait tout reposer sur un homme, c'est-à-dire sur ce qu'il y a de plus fragile et de plus incertain !

Le gouvernement n'est pas assez fou pour s'abandonner à ces rêveries criminelles. Il sait que le pays souhaite le retour d'une liberté vraie ; lui-même, à certaines heures, il doit en éprouver le besoin. Il sent que le pouvoir personnel est fragile et viager au temps où nous sommes et qu'on ne peut plus fonder une monarchie durable qu'en l'appuyant sur des institutions régulières. Il le comprend, mais il n'a pas le courage d'en prendre une bonne fois son parti : les habitudes du gouvernement personnel, les intérêts de ceux de ses serviteurs habitués à vivre sous ce régime commode, les vagues inquiétudes qu'inspire toujours, surtout après dix-huit ans de règne, une entreprise nouvelle et audacieuse, tout se réunit pour affaiblir et pour entraver ses bonnes intentions. C'est ainsi qu'il reste dans ce demi-jour, dans ce régime bâtard de la demi-liberté, plus périlleux pour lui que tout autre, car l'opposition qui est libre de parler, mais qui se sent incapable d'agir, s'irrite avec raison de son impuissance et s'en venge par tous les moyens.

Le gouvernement, depuis quelques années, semble trouver le fardeau du pouvoir absolu trop lourd. On dirait qu'il veut s'alléger d'une partie de la responsabilité qui l'écrase, en la faisant accepter au pays. Mais il voudrait en même temps garder toute la direction des affaires, toute l'autorité d'un pouvoir unique et suprême. Il voudrait que le pays vînt généreusement lui tenir ce langage : « Vous êtes le gouvernement de mon choix ; je vous aime et je veux me dévouer pour vous. Vous avez éprouvé des revers, vous avez commis de grandes fautes ; je suis heureux de souffrir à cause de vous. Je prendrai toute la responsabilité de vos actes, et vous conserverez tout le pouvoir. Je vous donnerai ma sanction souveraine, et vous continuerez à disposer de moi. Je m'engage d'avance à exécuter librement tout ce qu'il vous plaira de me prescrire, à approuver librement tout ce qu'il vous plaira de faire vous-même, et je vous le promets en reconnaissance des libertés que vous consentez à me rendre. » Tel est le contrat illusoire qu'on voudrait faire signer à la France.

Non, cette abnégation n'est pas possible, et le gouvernement ne l'a pas méritée. Une franche dictature vaudrait encore mieux que cette liberté tout idéale. Une nation peut consentir au despotisme, mais c'est à condition qu'on la délivre du souci de ses propres affaires. Du moment que vous l'avez appelée à s'occuper elle-même de ses intérêts, elle exigera qu'on la laisse libre de s'en occuper comme elle l'entend.

Elle répondra un jour au gouvernement : « Vous voulez des choses inconciliables, vous voulez vous débarrasser des inconvénients du pouvoir absolu, sans en abandonner en même temps les avantages. Vous voulez obtenir les avantages des gouvernements libres, sans en accepter aussi les inconvénients. Cela est impossible, et il faut choisir, si pénible que le choix vous paraisse. Ou bien la stabilité avec la liberté large et franche ; ou bien le pouvoir absolu avec l'incertitude et la fragilité de toute dictature. Ou bien résignez-vous au rôle modeste dont la monarchie héréditaire doit apprendre à se contenter chez les peuples modernes ; ou bien restez un dictateur électif, jouissez et abusez de votre puissance, mais craignez alors de ne pas la transmettre à vos descendants. »

10.668. — Imp. gén. de Ch. Lahure, rue de Fleurus, 9, à Paris.

www.ingramcontent.com/pod-product-compliance
Lightning Source LLC
Chambersburg PA
CBHW051255030726
47595CB00003B/1269